MÉTHODE DE LECTURE
PAR J. CHARON
avec ou sans épellation, et accompagnée de simples *Notions de Calcul*.

Ire Leçon — **Eléments simples**

N° 1er. Voyelles.

a e i o u

N° 2. Consonnes.

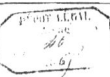

b p d t v f g c q

z s n m r l j x k

N° 3. ALPHABET.

aA*a*	bB*b*	cC*c*	dD*d*	eE*e*
fF*f*	gG*g*	hH*h*	iI*i*	jJ*j*
kK*k*	lL*l*	mM*m*	nN*n*	oO*o*
pP*p*	qQ*q*	rR*r*	sS*s*	tT*t*
uU*u*	vV*v*	xX*x*	yY*y*	zZ*z*

N° 4. Exercice.

o u a e c i y b p d t v f g c q k
d q p b n p n u m g j x s z f v c
b j i p t r u n e m b h l r t d b
A C G D O Q B R T L U N M E F I J

N° 5. Chiffres arabes.

0 1 2 3 4 5 6 7 8 9

PROCÉDÉS DE L'AUTEUR. — N° 1. — Montrer, compter et faire compter ; nommer et faire nommer, d'abord de gauche à droite, puis de droite à gauche, en disant : les voyelles sont *a, e, i, o, u*. — Montrer une lettre en disant de la nommer, puis demander d'en indiquer une autre, de la chercher dans le tableau, autant de fois qu'elle s'y trouve. — N° 2. — Mêmes procédés. — Dire avec la nouvelle épellation , *be, pe, de, te*, etc., et avec l'ancienne, *bé, pé, dé, té*, etc. — N° 3. — Dire que l'*Alphabet* est l'assemblage, dans un ordre convenu, de tous les caractères ou lettres dont nous nous servons pour écrire nos pensées. — Expliquer que les lettres du même groupe portent le même nom. — Distinguer la majeure des mineures. — Compter d'abord les lettres de chaque groupe, puis les groupes, puis les voyelles, puis les consonnes ; enfin demander combien il y a des uns et des autres, — puis lire horizontalement, de gauche à droite, puis de droite à gauche, puis verticalement, en descendant et en remontant. N° 4. — Mêmes procédés. — N° 5. — Compter les points pour mieux faire comprendre le nom et la valeur des chiffres. — Enfin varier le plus possible et les exercices et les questions.

Saint-Quentin. — Imprimerie DOLOY et PYNET aîné, rue Saint-Jacques, 2.

IIe Leçon

MÉTHODE DE LECTURE
PAR J. CHARON
avec ou sans épellation, et accompagnée de simples *Notions de Calcul*.

Eléments simples

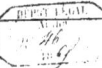

N° 6. Eléments.

o a u e i y

p b t d s z c g q

m n f v r x l j k

N° 7. Syllabaire.

a me	o de	u ne	î le	po li	li me
pa pe	ro be	lu xe	fi xe	ki lo	pi pe
ba ve	pô le	bu ze	vi ve	ju ry	fi ni
da te	no ne	ju pe	ri de	go be	lo to
ga ze	vo te	cu re	ty pe	ba ni	pa ri
ca ve	co de	tu be	ly re	mo ka	la dy

N° 8. Lecture.

Fi gu re, pi qû re, mi nu te, ca go te, ba di ne. L'a mi, la lu ne, du ro ti, la bu re, le vo lu me. U ne bo bi ne, le la va bo u ti le, le lu xe i nu ti le.

— La parure d'une dame. — La dorure sera solide. — La robe de Caroline a pâli. — Le malade dinera de la panade. — L'âme pure adore la nature divine.

N° 9. Calcul.

10 11 12 13 14 15 16 17 18 19

0 et 1, font 1; et 1, 2; et 1, 3; et 1, 4; et 1, 5; et 1, 6; et 1, 7; et 1, 8; et 1, 9; et 1, 10; et 1, 11; et 1, 12. De 9, ôtez 1, reste 8; ot. 1, rest. 7; ot. 1, rest. 6; ot. 1, rest. 5; ot. 1, rest. 4; ot. 1, rest. 3; ot. 1, rest. 2; ot. 1, rest. 1; ot. 1, rest. 0.

PROCÉDÉS. — N° 6. — Voir N°s 1 et 2. — N° 7. — Expliquer que les *voyelles* seules peuvent former les *sons*, très-souvent modifiés par les *consonnes*. — Lire la 1re colonne à gauche de haut en bas, puis de bas en haut; épeler ensuite de cette manière : *pé ou pe, a, pa; p, e, pe; pa pe*. Cette colonne bien sue, opérer de la même manière sur la 2e, puis lire horizontalement ces deux colonnes avant d'attaquer la troisième, etc. — N° 8. — 1re partie. — Lire horizontalement, s'arrêter à chaque virgule pour épeler le mot lu; continuer ainsi chaque ligne, puis les relire en entier. — 2e partie. — Lire en détachant moins les syllabes; s'arrêter à chaque point, pour épeler séparément chaque mot de cette phrase et la relire ensuite en entier. Enfin expliquer le *sens* des mots, des phrases les plus faciles à comprendre. — N° 10. — Lire la première ligne de gauche à droite, puis de droite à gauche.

IIIe Leçon — **MÉTHODE DE LECTURE** — Eléments modifiés
PAR J. CHARON
avec ou sans épellation, et accompagnée de simples *Notions de Calcul*.

N° 10. Eléments.

é è ê â ô û î

i·e i·è i·é i·ê i·a i·o i·u u·i o·é

N° 11. Syllabaire.

é té	pi tié	pia no	jui ve	vé né ré
zé lé	pié té	tia re	sui te	sé vè re
rê vé	dé lié	lia ne	rui ne	mé lè ze
è re	diè te	fio le	cui re	bé liè re
zè le	tiè de	vio lé	dia ne	ba bio le
tê te	biè re	myo pe	poè te	fa tui té

N° 12. Lecture.

1° L'é lè ve zé lé a é tu dié. - L'é tu de a é té vé né ré e. - É vi te la co lè re. - Le pa vé de l'é co le se ra la vé. - L'é tu de du pia no a é té sui vie. - A dè le a sa li la liu re de sa ju pe. - Ré né a é ga ré le dé de sa mè re.

2° A l'aménité de la mère; à la sévérité du père, Réné a obéi, Zoé l'a imité. - Une écolière fière a nui à sa piété filiale. - Maria a vu luire la lumière de la vérité. - Sa manière polie lui a mérité l'amitié de sa mère.

N° 13. Calcul.

20 21 22 23 24 25 26 27 28 29

0 et 2, font 2; et 2, 4; et 2, 6; et 2, 8; et 2, 10; et 2, 12; et 2, 14; et 2, 16; et 2, 18; et 2, 20; et 9, 22; et 2, 24; et 2, 26; et 2, 28.
1 et 2, font 3; et 2, 5; et 2, 7; et 2, 9; et 2, 11; et 2, 13; et 2, 15; et 2, 17; et 2, 19; et 2, 21; et 2, 23; et 2, 25; et 2, 27; et 2, 29.

PROCÉDÉS. — N° 10. — Faire connaître les trois sortes d'accents. — Expliquer que ces signes changent ou prolongent le son des *Voyelles* sur lesquelles ils se trouvent placés. — Lire en une seule émission de voix, tout en faisant entendre deux sons distincts, les *voyelles réunies*. — N° 11. — Lire dans le même ordre qu'au N° 7. — Épeler ainsi, d'abord sans nommer les accents, p, i, pi; t, i, é, tié; pi tié; en séparant les deux sons comme au N° 10. — N° 12. — Voir le N° 8. — N° 13. — Après avoir lu de gauche à droite par voie d'addition, lire de droite à gauche par voie de soustraction; en disant : de 29 ôtez 2, reste 27, ou 29 — 2 = 27, etc. — Si l'élève hésite ou s'il se trompe, il faut lui faire revoir les Éléments qui précèdent.

V⁰ Leçon | **MÉTHODE DE LECTURE**
PAR J. CHARON
avec ou sans épellation, et accompagnée de simples *Notions de Calcul*. | Eléments combinés

N° 18. Voyelles nasales.

an en, in ain ein, on un ou
i-an i-en o-in u-in i-on i-ou ou-i

N° 19. Syllabaire.

en fin   bou ton   pen sion   en fan tin
dan din   cou pon   lam pion   pan ta lon
pan tin   gou jon   sain foin   fan fa ron
nan kin   mou ron   loin tain   con fian te
lam bin   pou mon   pein ture   sou ve rain
bam bin   Tou lon   dé fun te   len de main

N° 20. Lecture syllabée.

Un in sen sé re pen tan*t*. — Un lion in dom*p* té. — En juin on fa ne le foin. — Une foui ne a en le vé u ne pou le. — Un té moin a é té en ten du. — Un ou ra gan ou u ne tem pê te a rom pu l'ai le du mou lin. — Le lun di de la Pen te cô te.

N° 21. Lecture courante.

Une moisson abondante récompensera le bon locataire, tou*t* le monde en sera conten*t*. — Une mendiante a été conduite à la pension alimentaire, on lui a donné de la soupe, du pain, de la viande, du vin ajouté à un peu d'eau.

N° 22. Calcul.

40   41   42   43   44   45   46   47   48   49

0 et 4 font 4; et 4, 8; et 4, 12; et 4, 16; et 4, 20; et 4, 24; et 4, 28; et 4, 32; et 4, 36; et 4, 40; et 4, 44; et 4, 48.
1 et 4 font 5; et 4, 9; et 4, 13; et 4, 17; et 4, 21; et 4, 25; et 4, 29; et 4, 33; et 4, 37; et 4, 41; et 4, 45; et 4, 49.
2 et 4 font 6; et 4, 10; et 4, 14; et 4, 18; et 4, 22; et 4, 26; et 4, 30; et 4, 34; et 4, 38; et 4, 42; et 4, 46; et 4, 50.

PROCÉDÉS. — N° 18. — Lire comme précédemment, en une seule émission de voix, les voyelles composées, les épeler ensuite en disant : a, n, an; i; a, n, an; i-an; en confondant cette fois les deux sons réunis. — Demander ce que l'on entend par voyelles simples, voyelles composées, syllabes, mots, phrases. — N⁰⁸ 19 et 20. — Combien de voyelles dans telle syllabe, de consonnes, etc. — Dire qu'il y a dans un mot autant de syllabes que l'on fait entendre de sons en le prononçant. — Expliquer autant que possible le sens des mots et des phrases. — Qu'entend-on par voyelles nasales ?

Saint-Quentin. — Imprimerie DOLOY et PYNKY aîné, rue Saint-Jacques, 2.

IVᵉ Leçon — **MÉTHODE DE LECTURE** — **Equivalents**
PAR J. CHARON
avec ou sans épellation, et accompagnée de simples *Notions de Calcul*.

N° 14. Eléments.

eu œu, ai ei, au eau, oi

N° 15. Syllabaire.

eu re	ai mé	au be	oi se	tau reau
œu vé	lai de	tau pe	boî te	moi neau
jeu ne	fai te	gau le	doi ve	mau vais
veu ve	pai re	jau ne	poi re	au bai ne
seu le	gaî té	beau té	voi le	neu vai ne
neu ve	pei ne	ri deau	coi te	sei zai ne
é pieu	sei ze	ra teau	noi re	pau piè re

N° 16. Lecture.

1° J'ai me le veau cui*t* au feu. — Le tau reau a bai ssé le ra meau. — U ne tau pe noi re a fui le mi lieu du rui sseau. — Au ré lie a dé jeu né du ca fé au lai*t*. — L'é toi le po lai re a pa ru é tio lée, au jeu de pau me.

2° Feu la Reine avai*t* de la piété; le roi aussi aimai*t* à faire l'aumône. — Aurore aura la moitié du salaire pécuniaire de sa peine. — La toiture du bureau de la mairie a été refaite. — Si je suis fidèle à la loi de Dieu je serai sauvé.

N° 17. Calcul.

30   31   32   33   34   35   36   37   38   39

0 et 3 font 3; et 3, 6; et 3, 9; et 3, 12; et 3, 15; et 3, 18; et 3, 21; et 3, 24; et 3, 27; et 3, 30; et 3, 33; et 3, 36; et 3, 39.
1 et 3 font 4; et 3, 7; et 3, 10; et 3, 13; et 3, 16; et 3, 19; et 3, 22; et 3, 25; et 3, 28; et 3, 31; et 3, 34; et 3, 37; et 3, 40.
2 et 3 font 5; et 3, 8; et 3, 11; et 3, 14; et 3, 17; et 3, 20; et 3, 23; et 3, 26; et 3, 29; et 3, 32; et 3, 35; et 3, 38; et 3, 41.

Procédés. — N° 14. — Lire d'abord en une seule émission de voix, les *voyelles réunies*, comme s'il n'y avait que e, è, o, oa. — Epeler ensuite de cette façon : e, u, e: a, i, è: a, u, ô; etc. — N° 15. — Lire comme précédemment, d'abord sans épeler : 1° la première colonne de haut en bas, puis de bas en haut, épeler ensuite; — N'attaquer la deuxième que quand la première est bien sue; — 2° lire horizontalement ces deux colonnes, d'abord de haut en bas, puis de bas en haut; etc. — N° 16. — 1° Lire toujours en observant un léger repos à chaque syllabe, un repos plus long à chaque mot. Arrêter à chaque point ou virgule, pour recommencer la phrase en épelant chaque mot séparément, enfin relire la phrase tout entière, moins lentement. — 2° Lire moins lentement encore; mais en syllabant toujours. — Ex. *pé cu ni ai re*. — Demander comment se prononce *eu*, etc.

Saint-Quentin. — Imprimerie Doloy et Pyret aîné, rue Saint-Jacques, 2.

VIᵉ Leçon

MÉTHODE DE LECTURE
PAR J. CHARON
avec ou sans épellation, et accompagnée de simples *Notions de Calcul.*

Eléments doubles.

N° 23. Eléments composés.

bl pl fl gl cl br pr dr tr gr cr
vr fr ch gn ph gu qu sc st sp ps
eu ai ei au an en in on un ou oi

N° 24. Syllabaire.

tri ple   cru chon   chi gnon   in tri gue
trè fle   brio che   trem plin   pro phè te
cri ble   flan drin   che vreau   qui pro quo
prê tre   cha grin   cam phre   cha tai gne
plâ tre   trin gle   triom phe   sem bla ble
sca bre   psy ché   chan frein   quin qui na

N° 25. Lecture syllabée.

Clai re a cri blé du sei gle a peu près sem bla ble au vô tre. — U ne chè vre, sui vie d'un che vreau a gra vi la mon ta gne. — Sté pha nie a chè te ra u ne plu me blan che. — U ne trop gran de crain te em pê che d'en tre pren dre.

N° 26. Lecture courante.

Un scandale ignoble a troublé la tranquillité publique. — Pharaon accabla le peuple israélite de travaux pénibles, un miracle éclatant triompha de son ingratitude. — Le vignoble de la Champagne produit un vin blanc agréable.

N° 27. Calcul.

50 51 52 53 54 55 56 57 58 59

0 et 5 font 5; et 5, 10; et 5, 15; et 5, 20; et 5, 25; et 5, 30; et 5, 35; et 5, 40; et 5, 45; et 5, 50; et 2, 52; et 2, 54; et 2, 56; et 2, 58·
1 et 5 font 6; et 5, 11; et 5, 16; et 5, 21; et 5, 26; et 5, 31; et 5, 36; et 5, 41; et 5, 46; et 5, 51; et 2, 53; et 2, 55; et 2, 57; et 2, 59.
2 et 5 font 7; et 5, 12; et 5, 17; et 5, 22; et 5, 27; et 5, 32; et 5, 37; et 5, 42; et 5, 47; et 3, 50; et 3, 53; et 3, 56; et 3, 59; et 1, 60·

PROCÉDÉS. — N° 23. — Avec la méthode sans épellation ou suivant la nouvelle épellation, on lira d'abord ainsi les consonnes inséparables, toutefois en passant très-rapidement sur le premier e : bele, pele, bere, pere, etc.; — che, gue, phe, fe, gue, que ou qu : en sifflant un peu le s on dira (sc) seque, sete, etc. — N° 24. — Sans épellation on lira ainsi en appuyant sur les éléments trr è fl e, et avec épellation fle, an, flan ; dre, in, drin ; flandrin. — Avec l'ancienne épellation, on continue à nommer toutes les lettres, les unes après les autres. Nommer les éléments inséparables de ce N°.

Saint-Quentin. — Imprimerie DOLOY et PFNET aîné, rue Saint-Jacques, 2.

MÉTHODE DE LECTURE

VIIe Leçon

PAR J. CHARON

avec ou sans épellation, et accompagnée de simples *Notions de Calcul*.

Éléments composés.

N° 28. Éléments.

ab	ap	ad	ag	ac	az	as	ar	ax	al	arc
ib	ip	id	ig	ic	iz	ys	yr	ix	il	if
ob	op	od	og	oc	oz	os	or	ox	ol	orc
ub	up	ud	ug	uc	uz	us	ur	ux	ul	urc

N° 29. Syllabaire.

tic tac	tar dif	mas toc	ar chi duc
sub til	pos tal	phé nix	Por tu gal
cal cul	lus tral	mar tyr	car di nal
pas cal	cha cal	frus tré	pas to ral
cap tif	cris tal	cuis tre	bap tis mal
zig zag	zé phir	plas tron	sub stan tif

N° 30. Lecture syllabée.

Fai re du cal cul men tal. — Un che val bor gne cul bu ta le til bu ry. — Ar ti dor va par tir, por te lui son ca nif. — Le gar de cham pê tre a dû par cou rir la plai ne ; Cas tor l'a sui vi à la pis te, un scor pion l'a mor du. — La cul tu re du col za se ra pro duc ti ve.

N° 31. Lecture courante.

En tiran*t* sur un porc-épic, un turc a cassé la corde de son arc dan*s* le parc du château. — Le martyr n'abjure poin*t*, il se réjoui*t* de souffrir jusqu'à la mor*t*.—Le stupide sarcasme d'un tumultueux carnaval révolta le public.

N° 32. Calcul.

60 61 62 63 64 65 66 67 68 69

0 et 6 font 6; et 6, 12; et 6, 18; et 6, 24; et 6, 30; et 6, 36; et 6, 42; et 6, 48; et 6, 54; et 3, 57; et 3, 60; et 3, 63; et 3, 66; et 3, 69.
1 et 6 font 7; et 6, 13; et 6, 19; et 6, 25; et 6, 31; et 6, 37; et 6, 43; et 6, 49; et 3, 52; et 3, 55; et 3, 58; et 3, 61; et 3, 64; et 3, 67.
2 et 6 font 8; et 6, 14; et 6, 20; et 6, 26; et 6, 32; et 6, 38; et 6, 44; et 6, 50; et 3, 53; et 3, 56; et 3, 59; et 3, 62; et 3, 65; et 3, 68.

PROCÉDÉS.— N° 28. — Avec la nouvelle méthode, toutefois sans s'arrêter sur la voyelle *e*, on dira, sans épellation, *abe, ac (aque), ag, (ague), axe,* etc.

Saint-Quentin. — Imprimerie DOLOY et PENET aîné, rue Saint-Jacques, 2.

MÉTHODE DE LECTURE
PAR J. CHARON
avec ou sans épellation, et accompagnée de simples *Notions de Calcul.*

VIIIe Leçon — Eléments composés.

N° 33. Eléments.

air	oir	euf	oif	eul	oil	ail	euil
eur	our	auf	uif	oul	iol	ial	ueil
œur	ouir	œuf	ouf	aul	œil	eil	ouil

N° 34. Syllabaire.

peur voir neuf seul fi lial poi trail
fleur noir bœuf Paul ré veil fau teuil
sœur four sauf Toul dé tail pour tour
cœur cour soif poil vi triol brouil lon
clair jouir juif deuil pa reil sei gneur
chair fouir pouf seuil orgueil étei gnoir

N° 35. Lecture syllabée.

La fraî cheur de la nuit. — La cha leur du jour. — La moi teur du soir. — Le so leil à son ré veil ré jouit l'a beil le. — L'é pa gneul du chas seur n'é par gne ni le bou vreuil, ni l'é cu reuil, ni mê me le che vreuil. — L'œil de l'a gri cul teur en grais se le bé tail de la bas se-cour.

N° 36. Lecture courante.

La chair du bœuf ne fait pas toujours le meilleur bouillon. — Il y a un grand nombre de fleurs pour s'épanouir le matin ou pour se flétrir le soir. — L'amour seul peut rendre à Dieu le culte dû au Créateur. — Le pouvoir de l'Empereur porte bonheur au vrai travailleur.

N° 37. Calcul.

70 71 72 73 74 75 76 77 78 79

0 et 7 font 7; et 7, 14; et 7, 21; et 7, 28; et 7, 35; et 7, 42; et 7, 49; et 7, 56; et 7, 63; et 3, 66; et 3, 69; et 3, 72; et 3, 75; et 3, 78.
1 et 7 font 8; et 7, 15; et 7, 22; et 7, 29; et 7, 36; et 7, 43; et 7, 50; et 7, 57; et 7, 64; et 3, 67; et 3, 70; et 3, 73; et 3, 76; et 3, 79.
2 et 7 font 9; et 7, 16; et 7, 23; et 7, 30; et 7, 37; et 7, 44; et 7, 51; et 7, 58; et 7, 65; et 3, 68; et 3, 71; et 3, 74; et 3, 77; et 3, 80.

Procédés. — N° 33. Lire d'abord en une seule émission, *eur, air,* etc, ou *ou, re, our ; au, fe, auf;* ou enfin, *o, i, f, oif;* etc, d'après l'ancienne méthode, à laquelle on paraît revenir, en faveur de l'orthographe. — N° 37. Il serait plus rationnel de dire *septante,* etc., que *soixante-dix,* etc.

Saint-Quentin. — Imprimerie DOLOY et PENET aîné, rue Saint-Jacques, 2.

MÉTHODE DE LECTURE
PAR J. CHARON
avec ou sans épellation, et accompagnée de simples *Notions de Calcul*.

IXe Leçon   Exceptions.

N° 38. Syllabaire.

g pour j	fran ge	bour geon	gé o lo gie	Geor get te
c » s	prin ce	pour ceau	li cen cier	gi be ciè re
ç » s	grin ça	soup çon	fran çai se	fi an çail les
e » é ou è	ger cer	mer cier	res pec ter	ter res tre
s » z	ci seau	ce ri sier	pré cieu se	dio ce sain
t » s	par tiel	mar ti al	pa tien ce	per cep tion
y » ii	cray on	fray eur	pay sa ge	em ploy er
x » gz	ex or de	ex er ci ce	exi gen ce	ex or ci ser
en » in	moy en	ex a men	é gyp tien	phy si cien
h nulle	*chlo re*	*chrê me*	*hommage*	dés*h*onneur

N° 39. Lecture syllabée.

Ce n'est qu'en for geant que l'on de vient for ge ron. — Le ma çon a ré pa ré la fa ça de de l'é di fi ce. — Ce qui bles se ne doit ni se con seil ler ni s'ex é cu ter. — Il con vient de res pec ter la vieil les se et d'ai mer la jeu nes se. — Fuy ez le li ber ti na ge et re cher chez la sa ges se. — Soy ez bon si vous vou lez ê tre ai mé — Une sa ge me su re se ra pri se pour sou la ger la mi sè re.

N° 40. Lecture courante.

Le percepteur a reçu le budget additionnel envoyé par la recette générale. — La prière est le plus essentiel devoir du *ch*rétien. — L'esprit est la fleur de l'imagination — La philosophie païenne a érigé en vertus certains vices grossiers. — Celui qui juge avec légèreté s'expose à l'erreur. — La loyauté vaut mieux que l'argent. — La vieillesse est attentive à tout ce qui menace son existence.

N° 37. Calcul.

80   81   82   83   84   85   86   87   88   89

0 et 8 font 8; et 8, 16; et 8, 24; et 8, 32; et 8, 40; et 8, 48; et 8, 56; et 8, 64; et 4, 68; et 4, 72; et 4, 76; et 4, 80; et 4, 84; et 3, 87.
1 et 8 font 9; et 8, 17; et 8, 25; et 8, 33; et 8, 41; et 8, 49; et 8, 57; et 8, 65; et 4, 69; et 4, 73; et 4, 77; et 4, 81; et 4, 85; et 3, 88.
2 et 8 font 10; et 8, 18; et 8, 26; et 8, 34; et 8, 42; et 8, 50; et 8, 58; et 8, 66; et 4, 70; et 4, 74; et 4, 78; et 4, 82; et 4, 86; et 3, 89.

PROCÉDÉS. — Faire remarquer que devant e, é, è, i, y, g se lit comme j et c comme s ; — que ç se lit toujours comme s ; — que e devant deux consonnes ou suivi d'une consonne finale, excepté de s dans les mots de plusieurs syllabes, se lit é ou è ; — que s entre deux voyelles se lit comme z ; — que t devant i se lit quelque fois comme s ; — que y a souvent la valeur de deux ii ; — que en et ien se lisent souvent in et iin. — Enfin, qu'en règle générale, h est nulle, si elle n'est précédée de c ou de p. — Que h est encore nulle devant l et r, quoique précédée de c.

Saint-Quentin. — Imprimerie DOLOT et PFRET aîné, rue Saint-Jacques, 2.

X⁰ Leçon.

MÉTHODE DE LECTURE
PAR J. CHARON
avec ou sans épellation, et accompagnée de simples *Notions de Calcul*.

Application.

N° 41. — La Terre.

La Terre sur laquelle nous marchons est une très-grosse boule suspendue dans l'immensité. La Terre tourne sur elle-même en vingt-quatre heures, ce qui produit le jour et la nuit. Cette Terre, ces Animaux, le Soleil, la Lune, les Etoiles, n'ont pas toujours existé ; c'est Dieu qui, il y a environ six mille ans, à créé l'Univers; cet ouvrage fut achevé en six jours.

N° 42. — L'Homme.

Lorsque Dieu eut créé le Ciel et la Terre, il fit le premier homme qu'il appela Adam, et le plaça dans un jardin délicieux où il devait vivre heureux et toujours. Il lui donna une compagne qu'il nomma Eve. Adam et Eve ayant désobéi à Dieu, il les chassa du Paradis-Terrestre, et les condamna aux maux de la vie et à la mort, ainsi que tous leurs descendants.

N° 43. — L'Enfant docile.

Les enfants qui aiment le bon Dieu, obéissent à leurs maîtres, ils deviennent instruits, ils apprennent à respecter leur père et leur mère, à aimer leur prochain et à se bien conduire en toutes choses, ils s'habituent au travail et à l'ordre, ils sont aimés de tout le monde, ils sont satisfaits d'eux-mêmes, et une jeunesse paisible leur prépare une vieillesse tranquille.

N° 44. — L'Enfant indocile.

Les enfants indociles, au contraire, offensent Dieu, affligent leurs parents et restent dans une ignorance honteuse qui les rend incapables, lorsqu'ils sont devenus hommes, d'être utiles à eux-mêmes et aux autres. Leur vie se passe dans la misère et le mépris. A peine ont-ils cessé de vivre, qu'ils sont déjà presque oubliés de tous ceux qui les ont connus et fréquentés.

N° 45. — Pratique.

Admirons la Toute-Puissance de Dieu et l'infinité de sa grandeur. Qu'une sainte crainte nous anime toujours, qu'elle nous fasse combattre la paresse, fuir le mensonge ; qu'elle nous encourage à l'application, à l'amour de nos parents, et à toutes les vertus qui nous mériteront la protection divine, avec laquelle nous serons heureux en ce monde et en l'autre.

N° 46. — Additions.

90 91 92 93 94 95 96 97 98 99

60 et 3 font 63; et 3, 66; et 3, 69; et 3, 72; et 3, 75; et 3, 78; et 3, 81; et 3, 84; et 3, 87; et 3, 90; et 3, 93; et 3, 96; et 3, 99.
61 et 3 font 64; et 3, 67; et 3, 70; et 3, 73; et 3, 76; et 3, 79; et 3, 82; et 3, 85; et 3, 88; et 3, 91; et 3, 94; et 3, 97; et 3, 100.
62 et 3 font 65; et 3, 68; et 3, 71; et 3, 74; et 3, 77; et 3, 80; et 3, 83; et 3, 86; et 3, 89; et 3, 92; et 3, 95; et 3, 98; et 3, 101.

183 +9 = 192 +9 = 201 +9 = 210 +9 = 219 +9 = 228 +9 = 237 +9 = 246 +9 = 255 +9 = 264 +9 = 273 +9 = 282 +9 = 291 +9 = 300.

REMARQUES. — *es* dans les mots d'une syllabe se lit *è* — Les voyelles sont quelquefois nulles ; mais les consonnes finales sont presque toujours muettes. — Ex. Les queues de paon amusent les enfants — Qu'est-ce que la Terre ? Qu'entend-on par immensité ? Qu'est-ce que l'Univers ? etc., etc. — Décomposition des mots en syllabes. A la lettre qui commence une syllabe, ajouter la voyelle qui suit et une consonne s'il y en a deux, à moins que ces dernières ne soient inséparables. Voir n° 18. — Recommencer toute la méthode une seconde fois et donner le plus d'explications possible.

Saint-Quentin. — Imprimerie DOLOY et PENET aîné, rue Saint-Jacques, 2.

www.ingramcontent.com/pod-product-compliance
Lightning Source LLC
Chambersburg PA
CBHW061529040426
42450CB00008B/1862